¡Sigue el mapa!

Sharon Coan, M.S.Ed.

Es una **fiesta**.

Hay juegos.

Jugamos a buscar un **tesoro**.

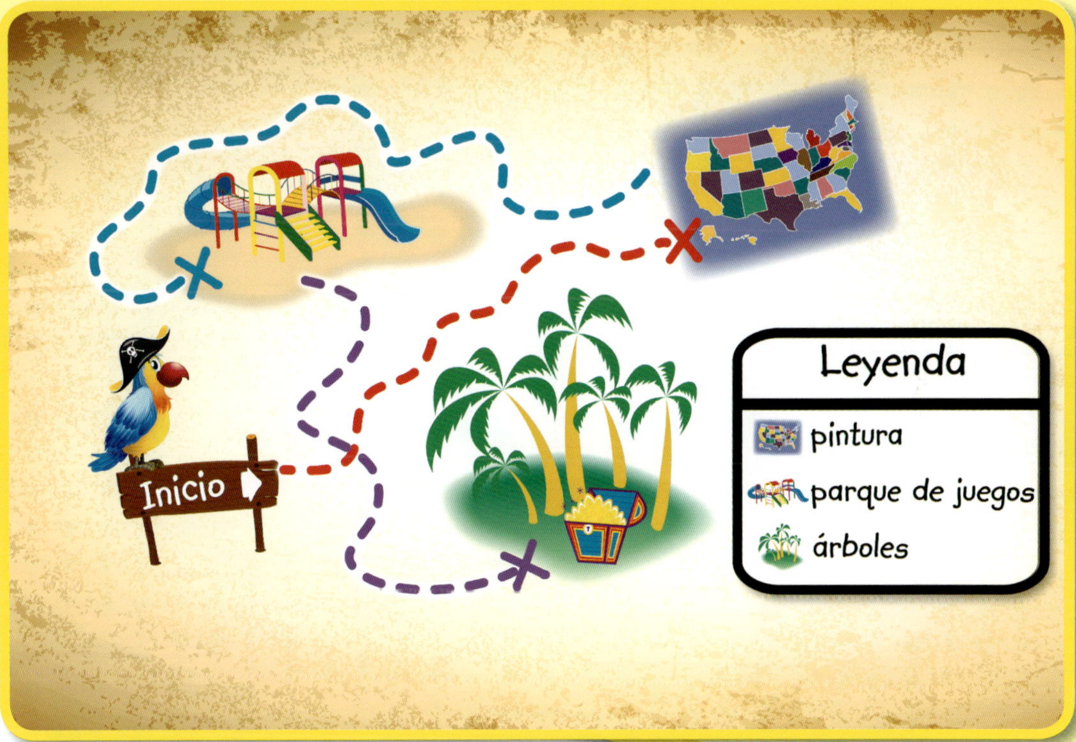

Usamos un **mapa**.

Seguimos el mapa.

Corremos hacia el primer lugar.

Buscamos el tesoro.

El tesoro no está aquí.

Corremos hacia el segundo lugar.

Buscamos el tesoro.

El tesoro no está aquí.

Corremos hacia el tercer lugar.

Buscamos el tesoro.

¡El tesoro está aquí!

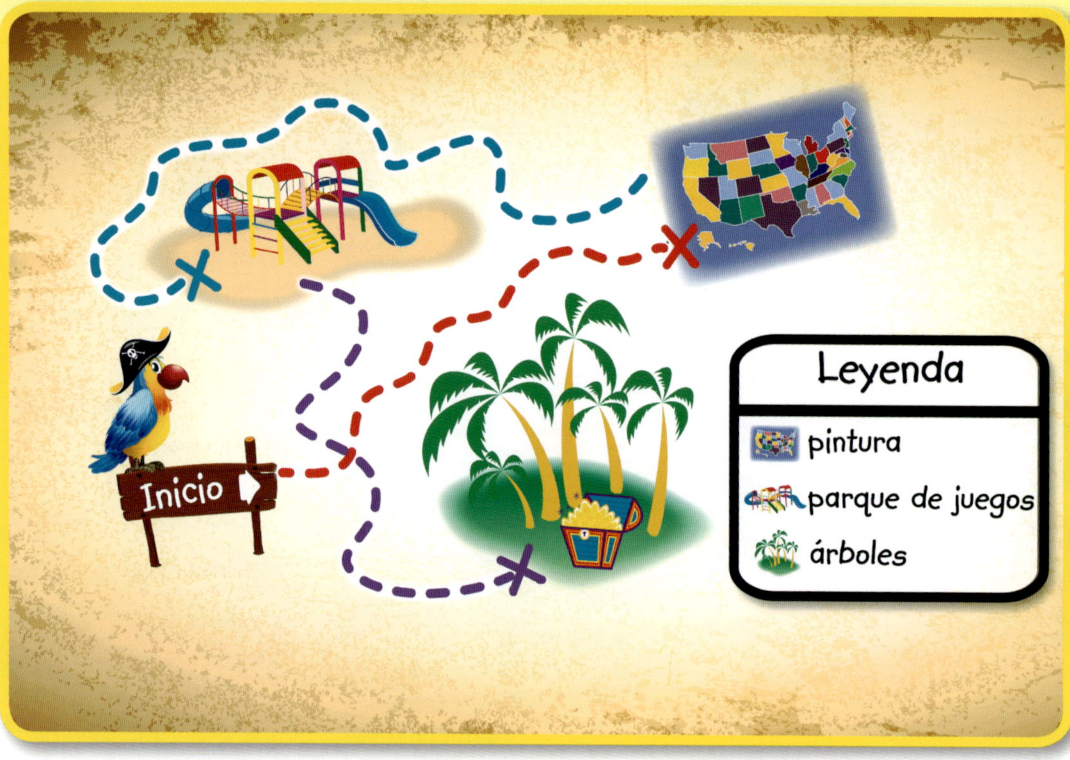

Usamos el mapa.

¡Encontramos el tesoro!

¡Escóndelo!

1. Esconde un tesoro.
2. Haz un mapa para encontrarlo.

3. Dales el mapa a tus amigos.
4. Observa si pueden encontrar el tesoro.

Glosario

fiesta: un tiempo divertido con comida y juegos

mapa: una imagen que muestra un lugar

tesoro: algo que es especial o importante

Índice analítico

¡Tu turno!

El tesoro son libros. ¿Cuál es tu tesoro favorito? Haz un dibujo.

Weather

Asesoras

Shelley Scudder
Maestra de educación de estudiantes dotados
Broward County Schools

Caryn Williams, M.S.Ed.
Madison County Schools
Huntsville, AL

Créditos de publicación

Conni Medina, M.A.Ed., *Gerente editorial*
Lee Aucoin, *Directora creativa*
Torrey Maloof, *Editora*
Lexa Hoang, *Diseñadora*
Stephanie Reid, *Editora de fotos*
Rachelle Cracchiolo, M.S.Ed., *Editora comercial*

Créditos de imágenes: Tapa, págs.3, 7, 9–11, 18, 23 (arriba), 24 Lexa Hoang; págs.4, 6, 8, 13–15, 22–23 (izquierda) Jane Rahman; Contratapa, págs.2, 12, 17, 23 (derecha) Stephanie Reid; pág.19 Teacher Created Materials.

Teacher Created Materials
5301 Oceanus Drive
Huntington Beach, CA 92649-1030
http://www.tcmpub.com

ISBN 978-1-4938-0433-7

Printed in China
YiCai.032019.CA201901471